LE DERNIER TROUBADOUR

ou

ÉLOGE

HISTORIQUE ET LITTÉRAIRE

DE

JACQUES JASMIN

Par l'Abbé P.-G. DEYDOU,
Professeur de Rhétorique.

DISCOURS PRONONCÉ A LA DISTRIBUTION DES PRIX
DU PETIT-SÉMINAIRE DE BORDEAUX,

LE 22 AOUT 1865.

BORDEAUX
TYPOGRAPHIE Vᵉ JUSTIN DUPUY ET COMP.
RUE GOUVION, 20.

LE DERNIER TROUBADOUR

ÉLOGE
HISTORIQUE ET LITTÉRAIRE
DE
JACQUES JASMIN

Par l'abbé P.-G. DEYDOU

DISCOURS PRONONCÉ À L'ISSUE DE LA
DU PETIT-SÉMINAIRE DE BORDEAUX

LE 22 AOÛT 1865

BORDEAUX
TYPOGRAPHIE T. DUPUY, DUPUY ET CUM.
RUE NOTRE-DAME, 39

LE DERNIER TROUBADOUR

ou

ÉLOGE

HISTORIQUE ET LITTÉRAIRE

DE

JACQUES JASMIN

Par l'Abbé P.-G. DEYDOU,
Professeur de Rhétorique.

DISCOURS PRONONCÉ A LA DISTRIBUTION DES PRIX
DU PETIT-SÉMINAIRE DE BORDEAUX,

LE 22 AOUT 1865.

BORDEAUX
TYPOGRAPHIE Vᵉ JUSTIN DUPUY ET COMP.
RUE GOUVION, 20.

Éminence, (1)

Messieurs,

Dans la grande armée des ouvriers et des soldats de Dieu, il y a un bataillon d'élite qui se recrute comme les autres dans tous les rangs de la société chrétienne, et qui combat sinon avec les mêmes armes, du moins avec le même courage, et souvent avec un égal succès. C'est le bataillon sacré des poètes.

Pendant que le guerrier croise le fer dans la plaine, pendant que le prêtre, au haut des remparts de la cité sainte, lève vers le ciel ses mains suppliantes, le poète mêle sa voix aux accents de la prière et aux clameurs de la mêlée, et lorsqu'il entend près de lui des *prophètes menteurs* (2) exalter l'erreur et les joies mauvaises, il saisit sa lyre, entonne un chant religieux, et célèbre à pleine voix les agréments immortels du vrai, du beau et du bon.

Elle était belle à voir au matin de ce siècle, cette noble et vaillante phalange; elle était belle à voir, serrée autour de l'oriflamme surmonté de la croix ! Mais, hélas ! ceux qui

(1) S. Em. le Cardinal Donnet, Archevêque de Bordeaux.
(2) Titre d'une pièce de Jasmin.

devaient marcher en tête désertèrent de bonne heure ; ils abandonnèrent le drapeau à des mains plus dévouées, mais moins illustres ; ils prétendaient choisir leurs amis et leurs ennemis, et ne relever que d'eux-mêmes. Ils ont fini par *guerroyer Dieu de ses propres dons* (1). Plus tard, la mort vint éclaircir les rangs de ceux qui étaient restés fidèles, et les vides qu'elle y fit ne sont pas encore comblés.

L'an passé, deux de ces fiers athlètes sont tombés sur le champ de bataille, exhalant leur âme avec un dernier cri d'amour : Jean Reboul et Jacques Jasmin.

Tous deux appartenaient à la France, la France entière les a pleurés. Mais le second nous appartenait plus spécialement à nous, enfants de la vieille Aquitaine, descendants des antiques Vascons. Il est donc juste et raisonnable que Jasmin reçoive de nous un hommage particulier, et vous nous approuverez sans doute, Messieurs, d'avoir voulu déposer à notre tour une modeste couronne sur sa cendre aujourd'hui refroidie.

D'ailleurs, Jasmin a plus d'un titre à notre admiration et à nos louanges, et ces titres, Eminence, vous les avez tous résumés dans une lettre qui valait plus d'un livre (2). A une époque de troubles, d'ambitions démesurées, le barde méridional sût demeurer calme et se contenter de la gloire poétique, et tandis qu'*une littérature de haute lignée* s'égarait misérablement dans les voies funestes de l'*incroyance et du dévergondage*, ce *génie plébéien protesta* constamment en faveur de la foi et de la morale outragées ; il mit sa muse au service de la religion, il se fit le *Vincent de Paul de la poésie*.

(1) Mot de saint Vincent de Paul.
(2) Lettre de Son Eminence au comité de souscription pour l'érection du monument de Jasmin (octobre 1864).

Ces paroles de Votre Eminence nous ont paru contenir tout le fond et tout le plan d'un éloge, et sans consulter notre faiblesse, nous l'avons entrepris, heureux de surprendre sur vos lèvres la raison de notre choix, et d'appuyer sur le jugement d'une haute sagesse les appréciations de notre inexpérience. Ce n'en est pas moins une hardiesse qu'il faut nous pardonner.

Mais il en est une autre pour laquelle nous ne voulons pas demander grâce. Ayant à parler d'un poète, il nous arrivera de le citer; traduire ses vers, ce serait vous livrer la fleur desséchée, sans parfum, sans couleur, car, pour Jasmin, autant au moins que pour tout autre écrivain ou poète, *traduire* (1) *c'est trahir*, et il fut vraiment trop loyal pour mériter une perfidie posthume. Donc nous citerons sans traduire, et si dans cet auditoire de choix se trouvaient quelques étrangers, pour qui les beautés de notre vieille Langue-d'Oc fussent lettre close, nous ne leur promettons que de les plaindre. Puissent-ils malgré cette épreuve que nous imposerons à leur patience; puissiez-vous tous, Messieurs, entendre avec faveur l'éloge de Jacques Jasmin, coiffeur, chevalier de la Légion-d'Honneur, décoré de l'Ordre de Saint-Grégoire-le-Grand, maître ès-Jeux-Floraux, et dernier troubadour de la Langue-d'Oc.

Dans une masure délabrée de la paroisse Saint-Hilaire, à Agen, vivait, à la fin du dernier siècle, une pauvre famille dont les chefs, depuis plusieurs générations, allaient finir leurs jours à l'hôpital. Une honnêteté parfaite et une gaieté d'âme inaltérable étaient la seule richesse que le père trans-

---

(1) *Traduttore, traditore.*

mit aux enfants. En 1798, la famille Jasmin se composait de huit personnes : le vieux grand-père qui, pour être moins à charge au budget domestique, visitait de temps en temps ses anciens amis dans les métairies les moins éloignées, et prélevait sur leur aisance une dîme volontaire de fruits ou de morceaux de pain ; l'aïeule, infirme de bonne heure, et vivant du bouillon de la charité ; Jean, leur fils, tailleur peu habile, mais poète d'instinct, qui avait des couplets charivariques pour toutes les fêtes populaires ; Catherine Arrès, leur bru, petite boiteuse excellente, quoiqu'un peu fière ; enfin, quatre petites filles en bas-âge.

Et, voilà que le 6 mars de cette même année, le bon Dieu envoyait à la pauvre famille un cinquième enfant, celui qui, plus tard, devait la tirer de la misère et de l'obscurité. C'était un beau garçon à qui l'on donna le nom de Jacques.

Vous le voyez, Messieurs, Jasmin est parti de bien bas. Mais dans un siècle où l'on prétend ne tenir compte que du mérite personnel, l'humilité de ces commencements est un honneur de plus pour celui qui s'éleva si haut. Depuis longtemps, d'ailleurs, la sagesse populaire l'a proclamé : pauvreté n'est pas crime, et le christianisme qui béatifie les pauvres nous apprend à les regarder d'un autre œil que ne fait l'orgueil humain. Non, la pauvreté n'est pas un crime, c'est elle qui façonne les grands saints, elle n'est pas même un obstacle au développement du génie ; et qui peut dire ce que tel ou tel de nos illustres eût gagné à être formé par cette rude maîtresse ? Ajoutons à la gloire de notre héros, qu'il n'a jamais rougi de son origine, et que sans se draper dans les haillons de son enfance, il nous a raconté lui-même avec simplicité et bonhomie mille détails intimes sur le dénûment de ses jeunes années, dépeint le pitoyable ameublement de sa maisonnette, et redit les angoisses du foyer paternel. Comme la plupart des écrivains contemporains, mais avec infiniment plus de tact et de mesure, Jasmin s'est raconté lui-même. *Ses souvenirs*, enrichis dans sa vieillesse de nombreux épisodes, ne sont ni moins pathétiques, ni moins intéressants que ses plus remarquables compositions. Nous y puisons avec pleine confiance. Peu préoccupé du soin de s'embellir, le poète nous prévient qu'il a voulu se peindre tel qu'il était, et son récit commence par cette franche déclaration de principes :

Arré lou faou, bôli lou bray (1).

Or, la vérité sur Jasmin, c'est que son entrée en ce monde ne fut signalée par aucun présage extraordinaire : aucun essaim d'abeilles ne vint se poser sur ses lèvres, aucune colombe voltiger autour de son berceau.

Rien ne gêna le développement de sa riche et vigoureuse nature, on ne le contraignit point à s'emprisonner entre les quatre murs crevassés de la chambrette natale. Chargé au contraire d'aller par la campagne faire la provision de bois sec, il put chaque jour aspirer à pleins poumons l'air pur de son beau pays, se livrer sans entrave à ses goûts aventureux, jouer successivement dans les escarmouches enfantines le rôle de patient et celui d'agresseur, marauder dans les champs et dans les jardins, écouter à loisir tantôt assis sur le seuil de sa porte les burlesques improvisations de son père, tantôt les récits enthousiastes des vétérans de la république, ou au coin du feu l'hiver les longues et fantastiques narrations des vieilles fileuses.

Doué d'un esprit naturel très vif, il se faisait accuser de

(1) Arrière le faux, je veux le vrai.

mille espiégleries, mais un bon mot le tirait d'affaire, et un saint prêtre, l'abbé Miraben, qui l'avait pris pour servant de messe, raffolait du jeune étourdi, le sermonnait sans cesse, et toujours inutilement. L'enfant répondait par une saillie, le sermonneur riait, et se sentait désarmé. Cependant, Jacques grandissait, et les austères leçons de la pauvreté n'étaient pas comprises de lui. Vainement, lorsqu'il demandait du pain, lui disait-on de plonger la main dans la besace du grand-père ; vainement, lorsqu'il rapportait à sa mère quelques sous gagnés par ses petites industries, la bonne femme lui disait-elle en soupirant : *Paourot, bènes bien à prepaou* (1). Après quelques secondes d'émotion, tout était oublié.

Tête volage et cœur sensible se rencontrent fréquemment ensemble : Jacques avait bon cœur ; la Providence frappa le cœur pour rendre la tête sérieuse. Rappelons cette scène des *Souvenirs*, bien qu'elle soit dans toutes les mémoires :

Il touchait à sa onzième année, il jouait avec ses camarades, qui venaient de le proclamer roi. Tout-à-coup, du haut de son trône improvisé, il aperçoit un cortège quasi-funèbre : sa famille en pleurs escortant le vieil aïeul porté sur un brancard dans un fauteuil en bois de saule. L'enfant bondit, s'élance, et tout hors de lui, s'écrie : *Oun bas, payri ?* (2) et le patriarche entr'ouvrant ses yeux à demi clos par la souffrance : *Moun fil, à l'espital, acòs aqui que lous Jansemins moron.*

Le petit étourdi pleura, pleura beaucoup, il réfléchit un peu, il sentit sa misère ; c'était là son premier bonheur.

(1) Pauvret, tu viens bien à propos.
(2) Où vas-tu, grand-père ? — Mon fils, à l'hôpital, c'est là que les Jasmins meurent.

Oui, désormais les jours sereins et les jours pénibles pourront se succéder comme autrefois dans sa vie, s'il savoure les uns avec un plaisir mieux senti, les autres pèseront sur son âme d'un poids plus lourd, et plus tard il pourra dire lui aussi son : *Non ignara mali* :

> Per fa toumba tan de grumillos (1).
> Cal n'abé pla loun ten câde jour échugat.

Un bonheur comme un malheur n'arrive pas sans un autre. Un arrière-cousin qui donnait, sans diplôme, quelques leçons de lecture et d'écriture, consentit à recevoir Jacques pour rien dans son école; et bien que le régent fût somnolent de sa nature, et ne mît d'autre émulation parmi ses élèves que celle d'apporter le plus beau présent pour obtenir la croix, au bout de quelques mois le nouvel écolier savait lire dans tous les livres. La mère, ivre d'orgueil, et le maître, fier de son disciple, ambitionnèrent pour lui un autre sort que celui des Jasmins. Le bon abbé Miraben s'entremit officieusement, et, après sa première communion, Jacques entrait gratis au Séminaire, et la bonne boiteuse, dans ses rêves d'avenir, le voyait déjà sans doute mître en tête et crosse en main.

Hélas! le bonheur gâte les enfants comme il gâte les hommes. Au bout de six mois, le futur évêque manquait ses brillantes destinées : on le chassait du Séminaire, et son retour à la maison paternelle y ramenait la gêne et rendait nécessaires des sacrifices nouveaux.

Que faire de lui? L'abbé Miraben, tout chagrin des écarts de son protégé, veut qu'il apprenne un état; le père Jas-

---

(1) *Papillotos,* t. IV. Lou creyoun d'or alucat (à Riberac).
Pour faire tomber tant de larmes,
Il faut en avoir bien longtemps chaque jour essuyé.

min fait preuve de sens en appuyant cette motion ; la mère et le cousin tiennent bon pour une carrière libérale. Provisoirement, l'ex-étudiant se fait dans le quartier une petite clientèle comme écrivain public. Il lit avidement quelques contes de fée, quelques historiettes du *Magasin des enfants,* et le voilà, avec son heureuse mémoire, avec sa vive imagination, le voilà qui s'approprie tous ces récits, les fond l'un avec l'autre, les enrichit d'épisodes de son invention, et, le soir, se pose au milieu des enfants de son âge, comme font les conteurs d'Italie ou d'Orient. On l'écoute, on le vante, et son cœur tressaille. Heureusement, pour le maintenir dans la modestie, le bon Dieu le douait, lui et ses sœurs, d'un robuste appétit, qui rendait insuffisant le pain de la semaine, et tous les vendredis le rapsode était forcé de déserter son cercle pour aller à la dérobée chez deux pieuses filles chercher une ration supplémentaire. Un soir qu'il venait d'être découvert par son groupe admirateur, et que son cœur succombait sous la honte, le vieux prêtre passe et lui dit doucement : « Pauvreté n'est pas crime, courage ; un ange te protége, reste brave enfant, pareil malheur ne t'arrivera plus. » Et, en effet, à partir de ce jour, le pain ne manqua plus au logis. « Prêtre au cœur d'or, s'écrie Jasmin après avoir raconté ce trait, c'est à ton exemple que j'ai souvent changé pour les pauvres les *miches en fournées.* (1) » Bénissons, nous aussi, Messieurs, bénissons le prêtre charitable qui releva le courage de l'enfant, et comme Jasmin, renvoyons-lui la gloire des bonnes œuvres du troubadour-quêteur.

Et nous, Messieurs, nous qui serons prêtres un jour, apprenons par cet exemple à *faire le bien* (2) *avec grâce,*

(1) *Nouveaux souvenirs,* ch. IV.
(2) *Papillotos,* t. IV : La grâço dins lou bé.

à le faire à propos. Et vous qui rentrerez dans le monde, si Jésus-Christ ne vous fait pas l'honneur de vous appeler au sacerdoce, entre le poète (1) ramassé par un prêtre dans la rue, élevé par les soins de ce prêtre, et qui a écrit ces vers :

> Un ogre ayant flairé la chair qui vient de naître,
> M'emporta vagissant dans sa robe de prêtre,

entre ce poète et celui qui s'écrie :

> Presto al co d'or qué trounes dins lou ciel
> . . . .
> De tas litsous ay gardat soubeni (2).

dites-nous lequel des deux a vos sympathies, lequel des deux voudrez-vous imiter ?

Cependant, l'enfant devenait jeune homme. En 1815, on le mit en apprentissage chez un coiffeur, et là, pendant que le canon grondait à la frontière, pendant que l'épopée impériale se dénouait sous le sabre de Wellington, la tête du futur troubadour travaillait encore plus que ses doigts. Aux contes de Perrault avaient succédé les fadeurs pastorales du bonhomme Florian, ces lectures, nous dit-il :

> Aguèron léou gastat,
> Moun jouyne esprit qué perdet soun aynat (3).

(ce frère ou ce fils aîné de l'esprit, c'est le bon sens, et nous ferons remarquer en passant que Jasmin revendiqua toujours le droit d'aînesse pour cette modeste faculté).

Il rêvait donc tout éveillé, cherchant partout des ber-

---

(1) Hégésippe Moreau.
(2) Prêtre au cœur d'or qui trônes dans le ciel,
De tes leçons j'ai gardé souvenir.
(3) *Nouveaux souvenirs*, ch. VII.
Eurent bientôt gâté
Mon jeune esprit qui perdit son aîné.

gers semblables à ceux des idylles, et quand il apercevait dans les champs ces créatures « *farouches* » que dépeint La Bruyère, ces troupeaux à la laine malpropre et mal peignée, il éprouvait comme une amère déception.

Il entendait aussi au fond de son âme une voix douce et tendre qui lui chantait d'aimables choses. C'était la Muse qui se révélait à lui. Jasmin la reconnut et lui fit bon accueil. Encore tout enfant, il l'avait plusieurs fois entrevue, il avait répondu sans en avoir conscience à son premier appel, et un jour, à cette question : à quel âge as-tu fredonné tes premiers vers ? il devait répondre :

> Ey bel fouilla moun ten passat,
> Trôbi nat jour oun atgi coumençat (1).

L'heure était propice. C'était l'époque où le savant provençal Raynouard réhabilitait la poésie romane. Les chansons autrefois si fameuses d'Arnaud Marvieil, de Bertrand de Born, de Bernard de Ventadour, sortaient des catacombes où elles dormaient ensevelies, et la France apprenait avec surprise qu'avant la Renaissance elle avait possédé une littérature digne d'un autre sort que l'oubli. Le Languedoc et la Provence saluaient avec enthousiasme cette résurrection de leurs vieilles gloires littéraires. En même temps, sur tout le pays passait et repassait un souffle nouveau de poésie. Les muses avaient gardé le silence pendant les guerres de l'Empire, comme les oiseaux cessent leur ramage lorsque la foudre gronde ; un coup de vent avait dissipé les nuages, et mille voix mélodieuses se confondaient en un magique et ravissant concert. La France pré-

---

(1) *Nouveaux souvenirs,* ch. VIII, réponse à M. de Féletz, chez Augustin Thierry.

> J'ai beau fouiller mon temps passé,
> Je ne trouve aucun jour où j'aie commencé.

tait l'oreille, et n'interrompait que pour applaudir. Dès que la société lettrée d'Agen entendit gazouiller auprès d'elle ce rossignol éclos dans ses bosquets, elle applaudit elle aussi, et, ce qui fait honneur à son bon sens, elle ne fut pas trop étonnée de voir la Muse installée dans la boutique d'un barbier. Elle vint l'écouter dans cet asile, lui procura l'aisance en échange du plaisir qu'elle en recevait, et bientôt tout le Midi répétait en chœur le doux refrain :

> Déjà la ney encrumis la naturo,
> Me cal mouri, me cal mouri. (1)

Jasmin ne devait pas trouver sa voie du premier coup. Son esprit avait reçu trop d'impressions diverses pour donner tout d'abord une œuvre originale. Aussi produisit-il à la fois romances sentimentales inspirées par Florian, poème héroï-comique imité du *Lutrin,* chansons politiques à l'instar de Béranger. C'est l'ordinaire, Messieurs. Dans l'enfance du poète, la verve surabonde et s'épanche un peu au hasard, comme la sève dans la tige d'un jeune arbrisseau. Il faut à l'arbrisseau la serpe brutale du jardinier qui retranche les rejetons parasites et détruit les fleurs trop hâtives ; il faut au poète la critique, bienveillante, mais sans pitié, qui gourmande ses écarts et lui dit : Vole en ce sens. Jasmin eut la bonne fortune de la rencontrer sur sa route. « Sois simple, lui cria-t-elle, et fais parler ton cœur. » — » Reste dans ton pays, chante ce qui ne passe pas. » Il comprit ce langage ; il dit au genre guindé et convenu un adieu éternel, il déserta « les chemins raboteux de la poli- » tique, (2) » se renferma dans son étroit horizon, et conçut

(1) Déjà la nuit obscurcit la nature,
Me faut mourir, me faut mourir.
(2)   Dé la politique
Désertet lous camins brouncuts.

le dessein de se faire le poète du peuple.

Cette ambition ne vous paraît-elle pas étrange, Messieurs? Essayer de doter son pays d'une poésie nouvelle, quand ce pays s'appelle la France, quand ce pays, à défaut d'Homère et de Virgile, cite avec orgueil Corneille, Racine et La Fontaine, et vient d'enfanter coup sur coup Châteaubriand, Lamartine et Victor Hugo, essayer de le doter d'une poésie nouvelle, n'est-ce pas une tentative insensée?

Non, Messieurs, car, il faut l'avouer avec franchise, notre littérature fut toujours grande dame, et le peuple ne la comprit, ne la connut jamais. Le peuple pour charmer son imagination n'a rien, rien que les souvenirs de l'histoire sacrée, et les vieilles légendes de la grand'mère. Il possède en outre quelques refrains naïfs, quelques proverbes pleins de justesse : c'est toute sa poésie. Jasmin va recueillir tout cela, et s'en former un trésor qu'il fera fructifier, et de ce trésor que tout en lui viendra grossir, esprit, imagination et cœur, il tirera de temps à autre quelque pièce marquée de son empreinte, et telle en sera la beauté, que les lettrés eux-mêmes lui donneront cours, et se demanderont avec admiration quelle est cette nouvelle figure qu'ils n'avaient point encore aperçue au sommet du classique Hélicon.

Poète du peuple, et né dans une région où le peuple a une langue à part, Jasmin dut parler cette langue.

Elle était bien déchue, hélas! et depuis longtemps ce n'était plus qu'un patois méprisé que le français envahissait chaque jour davantage, lui enlevant ses rudes aspirations et ses harmonieuses désinences, sa douceur et sa force; lui imposant des locutions et des désinences nouvelles, comme ces vainqueurs jaloux, qui lentement s'assimilent et absorbent les vaincus. Et pourtant, aussi bien que la langue française (1), elle était fille de la langue du peuple-roi, sœur aînée de l'espagnol et de l'italien ; et, au moyen-âge, c'était la seule qu'on parlât depuis la Loire jusqu'au-delà des Alpes et des Pyrénées ; et mille chantres inspirés la faisaient retentir d'Aix à Toulouse, de Toulouse à Bordeaux, et de puissants seigneurs, des rois même (2), leur disputaient le prix de la poésie, et Dante étudiait ces poètes et les citait avec éloge (3) ; et Clémence Isaure leur décernait ses fleurs symboliques. — Dieu ne permit pas qu'un génie de premier ordre vînt alors fixer la Langue-d'Oc dans une œuvre éclatante ; aucun des troubadours qui accompagnèrent aux bords du Jourdain le comte Raymond de Saint-Gilles, ne sut chanter en vers sublimes les merveilles de la guerre sainte, et bientôt, avec une complaisance déshonorante, l'idiôme sonore et suave des Toulousains et des Provençaux servait d'instrument aux prédications hérétiques des Albigeois, et aux licencieux caprices des jongleurs. Le Nord écrasa le Midi, et lorsqu'avec Henri de Béarn le Midi prit enfin sa revanche, la langue d'Oïl avait définitivement établi sa *monarchie* (4).

« Je définis un patois, a dit M. Sainte-Beuve (5), une jeune langue qui n'a pas fait fortune, ou une ancienne langue qui a eu des malheurs. » Les voilà tous, Messieurs, les malheurs de notre pauvre et chère langue d'Oc.

(1) Littré, *Hist. de la langue française.*
(2) Guillaume d'Aquitaine, Richard Cœur de Lion, Pierre II d'Aragon, etc.
(3) Dante rencontre en Purgatoire le troubadour Sordello, et met dans l'enfer Bertrand de Born qui avait excité à la rébellion les fils de Henri, roi d'Angleterre. Dans son livre de *Vulgari eloquentiâ,* il cite Bertrand de Born et Arnaud Daniel comme des modèles.
(4) J. de Maistre, *Soirées de Saint-Pétersbourg.*
(5) Causeries du Lundi, II-4.

Nous les déplorons, parce qu'ils ont blessé à mort un dialecte que Montaigne estimait (1) *singulièrement beau, bref, signifiant;* une langue véritable que nous proclamons avec Jasmin *enchanteresse* et *musicale* (2).

Nous les déplorons, parce qu'au moins cette langue était naïve, et que la naïveté du langage nous paraît très propre à sauvegarder la simplicité, la naïveté des esprits et des mœurs.

Nous les déplorons enfin, parce que pour nous tous, riverains de la Garonne, enfants de la Gascogne et de la Guienne, c'est la langue vraiment maternelle ; nous la parlions avec les compagnons de nos jeux, hors de l'école et du catéchisme, et c'est en cette langue que nous entendions notre père et notre mère se faire devant nous leurs confidences domestiques.

Nous savons bien ce que l'on peut répondre, que c'est la langue du passé, la langue de l'ignorant, qu'elle se prête de mauvaise grâce à rendre les idées et les choses du présent, que l'habitude de parler cette langue donne à notre accent ce je ne sais quoi qu'on est convenu de trouver détestable, et qui partout, dans le Nord ou l'Ouest de la France, nous trahit en dépit de nous-même, et fait qu'on s'écrie en souriant : C'est un Gascon. Eh bien ! renfermons nos regrets dans notre âme, et revenons à notre poète pour ne plus le perdre de vue.

Il s'éprit, disions-nous, de sa langue maternelle, et si d'abord il l'employa telle qu'il la connaissait, il sut bientôt la débarrasser des alliances étrangères, la retrouver sous cet amas de ruines accumulées par les siècles; il la restaura pieusement, la défendit comme un fils défend sa mère, en

(1) *Essais,* liv. II, ch. XVII.
(2) Edition populaire. ép. à M. S. Dumoun.

fit gronder et bruire toutes les harmonies, resplendir toutes les couleurs, et quand son œuvre fut achevée, il put se rendre cette justice qu'il avait tenu la promesse inscrite au frontispice de ses poésies :

O ma lengo, tout me zou dit,
Plantarey une estélo à toun froun encrumit (1).

Les encouragements ne se firent pas attendre. En 1830, l'académie d'Agen décerna à Jasmin sa première couronne, et le journal de la ville, « grand alors deux fois comme la main, » inséra tout entière la pièce couronnée. Mais quel supplice pour les oreilles et pour le cœur du poète ! tous ceux qui essayaient de lire ses vers les écorchaient, dit-il, comme s'il eût écrit de l'allemand. Son amour-propre, piqué au vif, lui suggéra mille artifices pour se faufiler dans les cercles où l'on recevait la gazette, et se faire inviter à lire lui-même son *Très de May*. Mais comment apprendre sa langue à ce Midi qui « parlait en musique sans connaître ses notes ? » La Providence aida le poète. (2)

La ville de Tonneins eut l'idée d'invoquer son concours pour une fête de charité. Ce fut pour lui comme une soudaine illumination : A l'œuvre, se dit-il, l'heure est venue !

Canta pel paoure, et bailla mas litsous,
Dus cos utile, acos sara trop dous (3).

Comme donc il avait gracieusement répondu, jeune homme, à l'appel de la Muse, homme fait, il répondit avec empressement à l'appel de la Charité. Il y répondit par une

---

(1) Edition populaire, Dédicace de son 2ᵉ volume, à Ch. Nodier
O ma langue, tout me le dit,
Je planterai une étoile à ton front obscurci.
(2) *Nouveaux souvenirs*, ch. VIII.
(3) *Nouveaux souvenirs*, ch. VII.
Chanter pour le pauvre et donner mes leçons,
Deux fois utile, cela sera bien doux.

pièce courte, mais pleine de grandes pensées, de nobles sentiments, tout imprégnée de cette poésie que l'âme entend, parce que c'est l'âme qui l'inspire. (1) Dès lors, entre la Muse populaire et la Charité chrétienne, il y eut comme une sorte de contrat tacite, loyalement accepté, et fidèlement exécuté de part et d'autre. La Muse se mettait au service de la charité, et la charité promettait à la Muse, outre les bénédictions du ciel, ce surcroît qu'on ne dédaigne guère lorsque l'on est poète, la gloire sur la terre et dans le temps : *La glorio de la terre, et lou parfun del ciel*. (2)

Echange magnifique, contrat sublime où l'on n'oserait dire qui gagne davantage, si l'on ne savait que la charité c'est Dieu même, Dieu que personne n'enrichit.

Et maintenant, Messieurs, la vie de Jasmin n'est plus qu'une suite de triomphes et de bonnes œuvres. C'est Bordeaux qui couronne son *Aveugle*, c'est Toulouse qui décerne un rameau d'or à l'auteur de *Françonnette*, et l'adopte pour son fils; c'est Paris (3) qui le fait comparaître devant les juges les plus prévenus et les plus sévères, et l'écoute trente-six fois en quinze jours; c'est la cour où les princes pleurent et rient à son gré; ce sont surtout les évêques, les prêtres, les orphelins, les nécessiteux de tout genre qui le convient à chanter pour eux, et qui le voient accourir, et qui l'entendent chanter.

Que de gracieux épisodes dans l'histoire de ces courses fécondes ! Que dire de cette triple tournée en compagnie

---

(1) La caritat, as Moussus de la bile de Tounens.
(2) Edit. popul. Sen Bincen de Pol. — La gloire de la terre et le parfum du ciel.
(3) Soirée chez Augustin Thierry en 1842, en présence d'un public d'académiciens et de littérateurs distingués.

d'un bon curé, pour la reconstruction et l'achèvement de l'église de Vergt ?

Que dire de ce pèlerinage de cinquante jours pour les pauvres, accompli en 1854, depuis Orthez, patrie de Gaston Phœbus, jusqu'au sein des montagnes d'Auvergne, malgré les rigueurs d'un froid exceptionnel, qui glaçait la voix dans la gorge du chantre pèlerin, sans jamais atteindre ou refroidir son cœur ? Il suffira de rappeler qu'en cette dernière circonstance, il ramassa vingt mille francs pour les pauvres, et préleva pour ses frais de voyages cent quarante-sept francs.

Jamais il n'accepta de rétribution pécuniaire : faire le bien et être applaudi, il ne demandait pas d'autre paiement. Tout au plus acceptait-il pour en orner son arrière-boutique quelqu'un de ces présents qui flattent, mais qui ne rapportent rien. Il en forma peu à peu comme un petit musée qu'il aimait à montrer aux visiteurs. Voulez-vous, Messieurs, faire avec nous une courte station dans ce sanctuaire poétique ?

Au centre est une place vide : elle attend un objet que nous y verrons briller plus tard. Autour de la salle, sur de simples étagères de bois, des palmes, des couronnes, des bouquets d'immortelles ; une bague d'or que le duc d'Orléans, en 1839, passa lui-même au doigt du poète, et qui rappelle à son cœur de fils :

L'anèl qué per dé pa bendet ma paoure may. (1)

Trois cachets d'or, dont l'un armorié, avec cette devise : *A l'immortalitat*. Jasmin l'a déposé à côté du dé de son père, pour se rappeler à lui-même qu'il est sorti du

---

(1) Edit. pop. *la Bague et l'Esplingo*.
L'anneau que pour du pain vendit ma pauvre mère.

pauvre peuple, et que pendant longues années sa famille n'eut qu'un dé à coudre pour armes et pour cachet. Puis vient une coupe en vermeil, qu'il eût voulu remplir, disait-il, des larmes qu'il faisait couler (1); de magnifiques candélabres où il se promet de faire reluire, au lieu de bougies :

La luts qué jamay nou trambôle,
La pitchouno luts del boun sén (2).

un chapeau et un diplôme de mandarin chinois, témoignage de la gratitude des orphelins de la Sainte-Enfance; enfin une truelle d'argent, et ce n'est que justice, car nous voyons appendus à la muraille plusieurs dessins représentant les clochers et les églises qu'il a contribué à édifier. — Le diocèse de Bordeaux n'a point fait à Jasmin de présent de ce dernier genre. Nous bâtissons tout seuls nos clochers et nos églises, et la volonté toute-puissante d'un pontife, qui semble les faire jaillir du sol, rendit toujours inutile pour nous la lyre du moderne Amphion.

Ces trophées ne rappelaient au poète que de pacifiques triomphes. Il lui était facile, au milieu de ces monuments de son bienfaisant passage sur la terre, il lui était facile de faire revivre par la pensée ces scènes sans rivales, où vous étiez, Messieurs, témoins et acteurs; d'entendre encore le son des cloches annonçant sa venue, et les vivats, et les bravos, et les trépignements d'admiration; de voir, même en fermant les yeux, la foule frémissante, suspendue à son souffle, aspirant chacune de ses paroles, éclatant soudain en joyeux rires, ou pleurant d'attendrissement et de pitié, et

---

(1) T. IV, *la Coupe d'or d'Aoubergne*.
(2) Ibid., *Respounso à M. Perrière de Nérac*.
    La lumière qui jamais ne vacille,
    La petite lueur du bon sens.

puis, à l'écart, ses frères les pauvres, attendant en silence, et se partageant enfin la riche collecte qu'il venait d'amasser pour eux.

Ce tableau, Messieurs, n'est pas un tableau de fantaisie et plusieurs d'entre vous peuvent en certifier la vérité. Oui, vous avez vu ces choses ; vous avez vu Jasmin, vous l'avez entendu ici-même, vous, Messieurs, anciens élèves du Petit-Séminaire (1), quand vous aviez notre âge ; il vous a fait pleurer et rire, et l'on nous a dit quels regards indignés quelques-uns d'entre vous lançaient sur ceux de leurs maîtres ou de leurs condisciples qui paraissaient moins émus.

Comment expliquer cet enthousiasme qu'excitait partout comme ici le barde Languedocien ? Nous en avons déjà laissé entrevoir la raison première : en faisant de sa Muse une sœur de charité, Jasmin avait mis Dieu et les hommes dans les intérêts de sa gloire. Nous devons dire aussi qu'il excellait à traduire par la voix, par le geste, par le visage, les sentiments exprimés dans ses vers. Enfin, il ravissait les âmes par le mérite même et le caractère tout particulier de sa poésie.

Jasmin était né poète, il avait reçu véritablement ce don du ciel qu'on appelle le feu sacré, et après quelques tâtonnements, il avait su découvrir sa route, dégager des influences étrangères son originalité propre, et devenir lui-même. Les conseils de la critique lui furent utiles, sans doute ; mais surtout il réfléchit, il observa, et son bon sens exquis, la rectitude native de son jugement, suppléant heureusement le défaut d'études, qui l'eussent, croyait-il, rivé pour jamais à l'imitation maladroite des œuvres d'autrui, il

(1) En 1853 et en 1856.

se fit une poétique admirable, dont il aimait à formuler les principes dans l'intimité de la conversation.

« La poésie populaire et purement naturelle, disait Montaigne au XVIe siècle, a des naïvetés et grâces, par où elle se compare à la principale beauté de la poésie parfaite selon l'art. » (1) Jasmin voulut réunir ces grâces naïves et cette perfection de l'art, et, comme pour le génie, vouloir c'est faire, il réussit. Chez lui, rien de factice, les fleurs qu'il assemble en bouquet, sont toutes :

> Prézos al sé dé la nature. (2)

Rien de forcé; sa poésie coule de son cœur :

> Sans butidos, sans batsacâdos,
> Coum' on bey del sourel s'escapa lou reyoun,
> Coume l'encén sort dé las prâdos,
> Coume l'aygo sort dé la foun. (3)

pas de clinquant, pas de surcharge :

> Qui bol trop poumpouna la béoutat, la démingo,
> Quand l'esplingo és d'or fi, n'emperles pas l'esplingo. (4)

« Il manque à nos calendriers, disait-il plaisamment, le nom d'une martyre qui a beaucoup souffert, c'est sainte Poésie. Les hommes l'outragent chaque jour en la surchargeant de fausses parures... Ils l'ont crinolisée... Mais

---

(1) Essais, liv. I, ch. LIV.
(2) Edit. pop. Epître à M. Minier de Bordeaux.
   Prises au sein de la nature.
(3) Ed. pop. Epître à Mme Martineau.
   Sans heurts, sans secousses,
   Comme on voit du soleil s'échapper le rayon,
   Comme l'encens sort des prairies,
   Comme l'eau sort de la source.
(4) T. IV. Lou puple et las Muzos doumayzêlos.
   Qui veut trop pomponner la beauté la diminue,
   Quand l'épingle est d'or fin, n'emperlez pas l'épingle.

» ne croyez pas, ajoutait-il avec une fougue indomptable,
» que je veuille l'abaisser, la couvrir de haillons; je veux
» être simple comme lundi, mardi, mercredi, et solennel
» comme Pâques. (1) » Non, certes, il ne voulait pas l'abaisser; il réprouvait les excès de cette école, qu'un critique appelait naguère l'école de la *littérature brutale* (2). Il croyait fermement que tout n'est pas bon à dire, et que si la volonté a son libre arbitre pour élire le bien et rejeter le mal, l'esprit a le sien aussi, le bon goût pour s'éclairer et se guider dans ses choix.

Et ici nous touchons aux idées de Jasmin sur l'art proprement dit. Les voici en résumé : « La composition fait
» tout. Malheur à qui ne choisit, ni ne compose, ni ne va
» droit au but! Combien de bavards ne savent pas dire ce
» qu'il faut, ni surtout le dire à temps! Et que leur sert en-
» suite de délayer la matière? Pauvres chasseurs qui n'ont
» pas visé le gibier quand ils pouvaient l'atteindre, et qui ti-
» rent deux ou trois coups lorsque la bête est hors de portée!»

S'étonnera-t-on qu'un vrai poète, travaillant d'après ces principes, ait mérité l'honneur d'être comparé par de bons juges à Homère et à Virgile, à Horace et à Théocrite? (3)

(1) Ces paroles si originales de Jasmin, et celles que nous citons plus bas sont extraites d'un travail inédit intitulé : *Jasmin critique*, lu à l'académie d'Agen par M. de Tréverret, professeur de rhétorique au lycée de cette ville. M. de Tréverret aimait à parler poésie avec Jasmin, et il a recueilli dans ces entretiens un grand nombre de traits piquants, de jugements et d'aperçus vraiment neufs. Il a bien voulu nous entr'ouvrir son écrin, et nous y laisser prendre quelques perles. M. de Tréverret entend et pratique la maxime du fabuliste : il se faut entr'aider. Nous sommes heureux de lui en témoigner ici notre sincère reconnaissance.

(2) M. J.-J. Weiss, *Essais sur la littérature française.*

(3) Lamartine, Sainte-Beuve, Ch. Nodier, de Pontmartin, de Mazade, etc.

Ajoutons que chez lui le sens religieux, chrétien, dominait le sens littéraire; qu'il disait d'un de nos auteurs contemporains (1) : « Il n'aime pas assez la vertu. » Et du dernier venu de nos grands poètes (2) : « Je l'aimerais s'il eût » respecté Dieu et les mœurs, » et nous aurons suffisamment expliqué son succès et ses triomphes.

C'est dans les intervalles de ses pérégrinations charitables qu'il venait appliquer ses belles théories. Il s'en allait aux champs, dans cette vigne qu'il a si bien chantée, en face de ce vallon riant où Scaliger (3) avait enseveli les derniers jours de son existence agitée; là, il contemplait le grand poème de Dieu, la nature, puis il descendait dans son âme ou revenait se mêler au peuple, et quand dans la mémoire du peuple ou dans les profondeurs de son propre cœur il avait trouvé une histoire simple et touchante, il prenait la plume et il écrivait. D'abord, quelques vers gracieux, pour circonscrire et dépeindre le temps et le lieu de l'action; puis une scène d'un effet toujours saisissant, pour amener sous nos yeux les personnages; et les caractères se dessinent, et le récit marche rapide, intéressant, varié; et tout-à-coup, un de ces traits inattendus qu'il appelait ses *coups de canon*, un de ces traits, où, selon l'expression de Lacordaire, un *glaive* (4) *froid va jusqu'à l'âme*, et qui dans un seul vers, dans un seul hémistiche résument tout un sentiment, toute une situation; et c'est l'intrigue qui se noue ou se resserre, et c'est la catastrophe qui éclate ou qu'on prévoit.

(1) Victor Hugo.
(2) Alfred de Musset.
(3) Scaliger le père donna à ce vallon le nom de Vérône, qu'il porte encore. On sait que cet érudit batailleur prétendait descendre des La Scala, princes souverains de Vérône en Italie.
(4) Conférence sur la vie intime de Jésus-Christ.

Voilà, Messieurs, voilà ces épopées populaires où le Midi revit tout entier avec son ciel d'azur, ses campagnes opulentes, ses traditions, sa foi vive, ses mœurs simples, ses fêtes, ses superstitions, ses passions ardentes ; voilà l'Aveugle, Françonnette, Marthe la Folle, la Semaine d'un Fils, les Frères jumeaux. Nous ne disons rien de cet autre poème plus sérieux, mais plus utile encore : *Bilo et Campagno*, qui a plus fait que cent comices agricoles pour la cause qu'il plaide ; rien de ces sages conseils adressés au peuple au temps de nos discordes civiles ; rien de ces hymnes à la Charité et à Vincent de Paul, « *le grand saint d'aujourd'hui,* » rien de tant d'aimables épîtres, rien de ces mille improvisations spirituelles, que le poète, en grand seigneur dédaigneux de ses moindres richesses, appelait : *mauvaise monnaie de la poésie*.

Qui ne pardonnerait un peu de vanité à un homme de cette valeur ? La vanité, c'est le péché mignon des poètes. « Si un poète se confesse à vous, et ne s'accuse pas d'or-
» gueil, disait Jasmin à un Prince de l'Eglise (1), refusez-
» lui l'absolution. » L'humilité est-elle donc si facile à celui qui n'est rien, qu'on doive se scandaliser de la trouver absente en celui qui est quelque chose ? Et croit-on qu'il y ait plus d'orgueil dans la vanité qui s'affiche, que dans la fausse modestie qui se rabaisse, et serait bien fâchée qu'on la crût sur parole ? Aussi souriiez-vous avec indulgence, quand Jasmin transporté vous jetait ces mots : « Applau-
» dissez, Messieurs, les applaudissements sont la nourriture
» du poète. » Et quand il s'écriait : « Je voudrais que les
» rois fussent aussi sûrs de tenir la justice, que je suis sûr
» de tenir la véritable poésie, » vous répondiez : Il est en

(1) S. Em. le Cardinal Gousset, Archevêque de Reims.

droit de le croire, les larmes et les soupirs de son auditoire le lui ont répété si souvent! Enfin à ceux qui s'obstineraient à se montrer sévères pour ce qu'ils appellent l'*immense orgueil de Jasmin,* nous opposerons une réponse sans réplique : Jasmin était le chantre, le frère servant de la Charité ; or la Charité, dit l'apôtre saint Pierre, couvre une multitude de fautes : *Charitas operit multitudinem peccatorum* (1).

Les connaisseurs avaient joint leurs suffrages à celui des masses ignorantes ; la capitale, à diverses reprises, avait applaudi Jasmin, et nul ne fut surpris d'apprendre, en 1846, que la croix d'honneur allait briller sur sa poitrine, et qu'une pension modeste, mais suffisante, lui permettrait désormais de vivre sans recourir au rasoir.

Après le *Roi de la patrie,* les *Quarante rois de l'esprit* (2) couronnèrent la Muse des champs ; en 1852, l'Académie française lui décerna un prix extraordinaire, et M. Villemain, en ce style que chacun connaît, rendit un solennel hommage « au talent de bien dire, employé à faire le bien. (3) » Jasmin remercia les quarante immortels par une délicieuse épître, que plusieurs d'entre eux seraient fiers de compter parmi leurs titres de gloire : *Lengo Gascouno, Lengo Francezo.*

Deux ans après, l'académie des Jeux-Floraux de Toulouse le proclamait maître ès-jeux, pour récompenser à la fois : « l'homme de bien et le restaurateur de la langue de ses premiers fondateurs. (4) » Séance tenante, le lauréat rendit grâces par une pièce intitulée : *Dous crante de Paris as*

---

(1) Epître 1re, ch. IV, v. 8.
(2) T. IV, *Lengo Gascouno, lengo Francezo.*
(3) Rapport de M. Villemain.
(4) Discours de M. Todière.

cranto de Toulouzo (1), et l'on peut dire que jamais le Capitole et la salle des illustres, jamais les ombres de Clémence-Isaure, des troubadours et de Goudelin (2) n'avaient été à pareille fête.

Une place restait vide, il vous en souvient, au musée du poète : elle attendait la *couronne de son berceau*. Agen s'émut enfin, elle eût honte d'avoir tardé si longtemps non point à connaître, mais à récompenser son grand homme. Le 27 novembre 1856, dans une vaste salle du Grand-Séminaire, en présence d'une foule immense, la vieille cité, par la main d'un de ses notables, déposa sur la tête de son glorieux fils une couronne d'or. Depuis le couronnement de Pétrarque dans la ville éternelle, rien de semblable ne s'était vu sous le ciel. Figurez-vous ce spectacle, jeunes gens : cette enceinte où rayonnent en caractères de feu ces noms immortels : *Maltro*, l'*Abuglo, Françounetto,* etc. ; les prêtres de J.-C. bénissant ce diadème conquis par de si nobles labeurs ; ces hommes de toutes les classes réunis par un même sentiment d'admiration et de sympathie ; ce religieux silence qui laisse entendre une voix émue disant la joie et le bonheur de la patrie ; et là, sur un trône élevé, le visage radieux, les yeux baignés de douces larmes, le front ceint de ces lauriers étincelants, et comme perdu dans une lumineuse auréole, le petit mendiant, le petit conteur d'autrefois, devenu par son génie et par son grand cœur, l'idole et l'orgueil de tout un peuple. Oh ! ce soir là, n'est-il pas vrai, Jasmin eût pu mourir ? Toute sa vie, il avait rêvé ce triomphe. Il aimait tant sa ville natale ! il brûlait d'un si vif désir de la rendre célèbre ! « *La pit-*

---

(1) Des Quarante de Paris aux Quarante de Toulouse.
(2) Goudelin, poète gascon, né à Toulouse au XVIe siècle.

chouno patrie és bien aban la grando, (1) » disait-il ; et quand Paris l'acclamait pour la première fois, il criait tout joyeux : « Plus fort, Messieurs, plus fort, Agen est à la fenêtre et » vous écoute. » Il voyait donc tous ses vœux comblés, son ambition et celle de sa pauvre mère étaient satisfaites, de sa mère ! car, dans le magnifique poème qu'il lut en cette solennité mémorable, il évoqua le souvenir de cette bonne et vaillante femme. Il la montra fière de son dernier-né, parant avec lui l'autel qui, si longtemps, attendit cette offrande, il la montra sur son lit de mort, transfigurée par la prévision de ce jour qu'elle devait contempler du ciel, et lui disant avec un accent inspiré :

> A toun aouta, moun fil, as uno plaço nudo ;
> N'y bôtes rés aoumen, jou té l'ey feyto esprès
>   Pel la couronne de toun brès.
> Cal qu'y bengue douma, s'aney n'es pas bengûdo
> La caritat souris à toun causouneja.
> Per té débina tout soun angelet m'assisto ;
> Ta courouno d'Agen es tressado déja ;
> Es d'or de loubidors... mé troumpy pas. — L'ey bisto.
> Toun noum y es escribut... Jàques, moun fil, adiou...
>   Aro moun âmo n'es plus triste :
> Lou roussignol del paouro es bénézit de Diou,
> A tout ço dé pu bèl, la glôrio dins soun niou. (2)

(1) La petite patrie est bien avant la grande.
(2) *La Courouno del Brès,* édit. pop. à la fin.

> A ton autel, mon fils, tu as une place vide :
> N'y place rien au moins, moi je te l'ai faite exprès
> Pour la couronne de ton berceau ;
> Il faut qu'elle y vienne demain si aujourd'hui elle n'est pas venue,
> La charité sourit à tes chansons (à ton chansonner),
> Pour te deviner tout son petit ange m'assiste ;
> Ta couronne d'Agen est tressée déjà,
> Elle est d'or de louis d'or, je ne me trompe pas, je l'ai vue.
> Ton nom y est écrit... Jacques, mon fils, adieu...
> A présent mon âme n'est plus triste :
> Le rossignol du pauvre est béni de Dieu ;
> Il a ce qui est le plus beau, la gloire dans son nid.

Jasmin avait une autre mère, aimante et généreuse elle aussi, qui donne à ses enfants le vêtement et le pain de l'âme, et, s'il le faut, le vêtement et le pain du corps. Cette mère, c'était l'Eglise, l'Eglise qu'il chérissait d'un amour fidèle et reconnaissant. L'Eglise, il ne rougissait pas de le dire, l'avait souvent vêtu, souvent nourri dans son bas-âge ; devenu homme, il s'était efforcé de payer sa dette. Mais l'Eglise tient à rémunérer tout service ; comme Dieu, son époux, elle paie même les services qu'elle a droit d'exiger. Il ne lui suffisait pas d'avoir par ses pontifes rendu plus d'une fois justice à ce rare mérite, il fallait que le prix vînt de plus haut, il fallait que la croix de saint Grégoire-le-Grand reposât sur le cœur du poète, et que Jasmin fût décoré par Pie IX. Les prélats qui si souvent avaient mis à contribution son zèle infatigable, écrivirent en ce sens au Saint-Père, et c'est vous, Eminence, qui prîtes l'initiative de cette démarche. Personne n'en fut surpris : on pouvait présumer que le troubadour du XIXe siècle était apprécié de vous, dans le volumineux recueil de vos œuvres écrites, à côté des monuments de votre sollicitude pastorale, tant de lettres révèlent le critique éminent, le juge éclairé des choses de l'esprit ! Donc, c'est à vous surtout que Jasmin dut cette distinction flatteuse, et nous en remercions Votre Eminence au nom de toute la France du Midi. On a dit d'un évêque formé à votre école qu' « *il se fit breton jusqu'au cidre* (1). » On dira que jusqu'à l'idiome populaire l'Archevêque de Bordeaux voulut devenir aquitain.

Lorsque votre main bénie eut attaché *la croix d'honneur de Rome* (2) sur cette mâle poitrine, l'amour du fils dévoué

---

(1) M. Laprie, *Oraison funèbre de Mgr Martial, évêque de Saint-Brieuc.*
(2) *La crouts d'aounou de Roumos*, t. IV, al cardinal Donnet.

de l'Eglise devint plus filial encore, et comme Notre-Dame d'Afrique tendait la main à ses enfants pour mendier un abri, au lieu d'envoyer une obole, il déposa dans cette main le plus bel hymne que la terre ait jamais chanté à la gloire de la reine du ciel (1).

Il avait alors soixante ans, et la vieillesse semblait le respecter ; et Jasmin ne ressemblait encore en rien à la pâle et timide fleur dont il portait le nom : toujours même fierté dans la pose, même vivacité dans les allures, même flamme dans son œil noir ; et, d'autre part, toujours même verve, même passion pour l'art, même ardeur juvénile pour le bien ; toujours poète inspiré, comme ce père dont parle l'évangile, il tirait du bon trésor de son cœur des choses anciennes et nouvelles, il complétait ses *Souvenirs*, il prodiguait les heureux *in-promptus*, et l'on pouvait espérer dire un jour de lui ce qu'on disait naguère d'un célèbre artiste, (2) *qu'il avait quatre fois vingt ans.*

Mais la peine était venue, on nous l'assure, visiter sa grande âme, et la peine use vite ; et si le chrétien l'accepte et la supporte, l'effort épuise sa vigueur, il meurt de sa victoire. Ce fut en 1864 que sonna pour Jasmin l'heure du repos. Toutefois, avant de disparaître, l'astre devait jeter un dernier et plus éblouissant éclat ; l'athlète méritait de tomber en plein champ de bataille, enseveli dans un triomphe. Son chant suprême ne pouvait ressembler à ce gémissement mélodieux que l'imagination prête au cygne expirant, ce devait être un cri d'amour et de colère, une parole d'ange et un rugissement de lion. Nous touchons au moment su-

---

(1) *La Bierges,* poème composé à la demande de Mgr Pavy, évêque d'Alger. C'est l'illustre prélat qui déclare dans sa réponse au poète n'avoir rien lu d'aussi beau dans aucune langue.

(2) Notre illustre maëstro Auber.

blime de cette belle vie : écoutez, Messieurs ; jeunes gens, rendez-vous attentifs : *Ecce novissima verba.*

Un transfuge du sanctuaire, voulant se faire un nom fameux, jugea qu'il ne pouvait mieux réussir qu'en proférant un affreux blasphème ; et comme d'autres avaient jeté de la boue à l'auguste visage du Sauveur Jésus, il pensa qu'il serait plus habile d'y appliquer de fausses couleurs. D'autres avaient fait de Jésus un mythe ; lui daigna reconnaître l'existence historique du Christ ; mais, tandis que dans sa charité, le Verbe de Dieu s'est fait homme jusqu'à la souffrance, jusqu'à la mort, lui l'humanisa jusqu'à la folie (ce serait peu), jusqu'au mensonge, il en fit un imposteur. Et quand, pour aggraver sa faute et faire pénétrer le poison jusqu'aux masses croyantes, le blasphémateur publia son édition populaire, le poète du peuple éclata ; et comme le peuple ne sait pas discuter, à la négation sans preuves, il répondit par une triple affirmation :

Jésus es may qu'un homme, es Diou, es Diou, es Diou ! (1)

La bouche qui venait de confesser si magnifiquement sa foi, n'était-elle pas digne d'aller chanter au ciel le triple *Sanctus* des anges et des bienheureux ? Dieu, content de Jasmin, le récompensa par la mort.

La mort vint donc à lui, avec tous ses préliminaires déchirants ou terribles, et lui la vit venir sans trouble. Le prêtre avait souvent appelé le poète à son aide, le poète appela le prêtre. « Ne me parlez plus de cette vie, lui dit-il, parlez-moi de l'autre. » Il se confessa, demanda l'extrême-onction et le saint Viatique, et comme la nuit qui précéda cette dernière communion fut mauvaise, le malade

(1) *Lou poète del puple,* à M. Renan.
Jésus est plus qu'un homme, il est Dieu, il est Dieu, il est Dieu !

répétait sans cesse : « Je n'aurai peut-être pas le temps de recevoir le bon Dieu ! » Mais Jésus-Christ avait hâte de s'unir à cette âme ; il voulait anticiper pour elle les délices de l'autre vie. Jasmin reçut la sainte Eucharistie. Un de ses amis (1) arrive en ce moment : « Je suis heureux, » lui dit le poète, de terminer par un acte de foi ma car- » rière poétique, et d'avoir consacré ma dernière œuvre à » Jésus-Christ. » L'agonie commence. Croyant soulager le moribond, dont les souffrances sont cruelles, sa femme lui rappelle une lettre de félicitations qu'un évêque lui adres-' sait quelques jours auparavant ; elle prononce même le mot : Gloire, et, comme autrefois Bossuet, (2) Jasmin, se réveillant dans son agonie, se soulève sur sa couche, et dit avec force : *Teyso té, daycho mé tout acò, moun Diou !* (3) Quelques heures après, sa bouche était muette et son corps glacé ; mais la meilleure part de lui-même recevait de la main du Juge équitable la couronne qui ne se flétrit pas.

Et maintenant, Messieurs, dirons-nous que Jasmin est mort ? Non, nous dirons qu'il a vécu. Il a vécu, car vivre,

(1) M. Donis, curé de Saint-Louis, à Bordeaux.
(2) Bossuet étant à l'agonie, l'abbé Ledieu le supplia « de penser » quelquefois aux amis qu'il laissait sur la terre, et qui étaient si dé- » voués à sa personne et à sa gloire. A ce mot de gloire, Bossuet, déjà » entré dans le tombeau, déjà étranger à la terre, saisi d'un saint effroi » en la présence du Juge suprême dont il attendait l'arrêt, se soulevant » à demi de son lit de douleur, et ranimé par une sainte indignation, » retrouva la force de prononcer distinctement ces paroles : « Cessez » ces discours, demandez pour moi pardon à Dieu de mes péchés. » (*Hist. de Bossuet*, par le cardinal de Bausset).
(3) Tais-toi, laisse-moi tout ça, mon Dieu !

au sens chrétien, c'est travailler et combattre, et Jasmin, pendant quarante années, a travaillé et combattu ; il a combattu la misère, il a combattu l'erreur, il a combattu le vice; il a travaillé pour l'Eglise, il a travaillé pour Dieu. Qu'importe donc qu'après lui le sceptre de la poésie populaire passe ou non du Languedoc à la Provence, que le premier troubadour des temps modernes en soit ou non le dernier ? (1) Sans doute, il nous plairait de croire qu'ayant soupiré jadis des chants par trop profanes, la Muse d'Oc fut renvoyée sur terre pour réparer ses fautes par des chants plus religieux ; il nous plairait de croire que, dans cette seconde existence, elle s'incarna dans Jasmin, et qu'avec Jasmin, Dieu, content de l'épreuve, l'a rappelée en son paradis. Mais qu'importe, encore une fois ? Que tu aies ou non des successeurs, poète, ta gloire est sûre, et même ici-bas ton nom ne saurait périr. Deux choses immortelles te protégent contre l'oubli ; deux choses que les hommes ne cesseront jamais d'aimer et de comprendre ; je voudrais voir les noms de ces deux choses gravées sur ta tombe pour toute épitaphe, et sur le piédestal de ta statue comme inscription unique :

Poésie et Charité !

---

(1) On sait que la Provence s'est piquée d'émulation, et que M. Roumanille d'Avignon et surtout M. Mistral, l'auteur du touchant poème : *Miréio*, ont noblement soutenu l'honneur de leur dialecte. Mais ils ne vont pas, comme Jasmin, chanter de ville en ville, à l'imitation des rapsodes grecs ou des ménestrels de la vieille France, aussi avons-nous cru pouvoir donner à notre poète le titre de *dernier troubadour*.

www.ingramcontent.com/pod-product-compliance
Lightning Source LLC
Chambersburg PA
CBHW070714050426
42451CB00008B/638